# PÉTRARQUE

## TIRAGE.

10 exemplaires sur papier de Chine.
500 — sur papier vergé.
―――
510 exemplaires.

**Droits réservés**

PÉTRARQUE

# L'ASCENSION

DU

# MONT VENTOUX

Traduite pour la première fois

PAR

VICTOR DEVELAY

PARIS

Librairie des Bibliophiles

Rue Saint-Honoré, 338

M DCCC LXXX

CETTE lettre, adressée par Pétrarque à son directeur spirituel, n'est autre chose qu'une confession. On dirait un chapitre détaché de Mon Secret. L'amant de Laure s'y montre luttant de toutes ses forces contre sa passion; mais, comme Jacob dans sa lutte contre l'ange, il est réduit à confesser tristement sa défaite. Ce qui ajoute à l'intérêt de ces sortes de confidences, c'est leur rareté. Pétrarque eut soin de faire disparaître de sa vaste correspondance tout ce qui rappelait le souvenir de Laure, dont il évite même de prononcer le nom.

De plus cette lettre est un exemple entre mille de la prodigieuse facilité de Pétrarque. A sa descente du mont Ventoux, brisé de fatigue et mourant de faim, pendant qu'on lui apprêtait son repas dans une méchante auberge, il n'imagina rien de mieux pour se délasser que d'écrire, au courant de la plume, dans une langue qui n'était pas la sienne, ces pages ravissantes.

V. D.

# FRANÇOIS PÉTRARQUE

## A DENIS ROBERT

DE BORGO SAN SEPOLCRO

SALUT

*Il raconte son ascension
du mont Ventoux*

---

J'AI fait aujourd'hui l'ascension de la plus haute montagne de cette contrée que l'on nomme avec raison le Ventoux, guidé uniquement par le désir de voir la hauteur extraordinaire du lieu. Il y avait plusieurs années que je nourrissais ce projet, car, comme vous le savez, je vis dès mon enfance dans ces parages, grâce au destin qui bouleverse les choses humaines. Cette montagne, que l'on découvre au loin de toutes parts, est presque toujours devant les yeux. Je résolus de faire enfin ce que je faisais journellement, d'autant plus que la veille, en relisant l'histoire romaine de Tite-Live, j'étais tombé par hasard sur le passage où Philippe, roi de Macédoine, celui qui fit la guerre au peuple romain, gravit le mont Hémus en Thessalie\*, du

---

\* Tite-Live, XL, 22.

sommet duquel il avait cru, par
ouï-dire, que l'on aperçevait deux
mers : l'Adriatique et l'Euxin.
Est-ce vrai ou faux ? Je ne puis
rien affirmer, parce que cette
montagne est trop éloignée de
notre région, et que le dissentiment des écrivains rend le fait
douteux. Car, pour ne point les
citer tous, le cosmographe Pomponius Méla déclare sans hésiter que c'est vrai\*; Tite-Live
pense que cette opinion est
fausse\*\*. Pour moi, si l'exploration de l'Hémus m'était aussi
facile que l'a été celle du Ventoux, je ne laisserais pas longtemps la question indécise. Au

\* Pomponius Méla, II, 2.
\*\* Tite-Live, XL, 22.

surplus, mettant de côté la première de ces montagnes pour en venir à la seconde, j'ai cru qu'on excuserait dans un jeune particulier ce qu'on ne blâme point dans un vieux roi.

Mais quand je songeai au choix d'un compagnon, chose étonnante ! pas un de mes amis ne parut me convenir sous tous les rapports. Tant est rare, même entre personnes qui s'aiment, le parfait accord des volontés et des caractères ! L'un était trop mou, l'autre trop actif; celui-ci trop lent, celui-là trop vif; tel trop triste, tel trop gai. Celui-ci était plus fou, celui-là plus sage que je ne voulais. L'un m'effrayait par son silence, l'autre par sa turbulence ; celui-ci par sa pesanteur et son embonpoint, celui-là par sa maigreur et sa faiblesse. La froide insouciance de l'un et l'ardente activité de l'autre me rebutaient. Ces inconvénients, tout fâcheux qu'ils sont, se tolèrent à la maison, car la charité supporte tout et l'amitié ne refuse aucun fardeau ; mais, en voyage, ils deviennent plus désagréables. Ainsi mon esprit difficile et avide d'un plaisir honnête pesait chaque chose en l'examinant, sans porter la moindre atteinte à l'amitié, et condamnait tout bas tout ce qu'il prévoyait pouvoir devenir une gêne pour le voyage projeté.

Qu'en pensez-vous ? A la fin je me tourne vers une assistance domestique, et je fais part de mon dessein à mon frère unique, moins âgé que moi et que vous connaissez bien. Il ne pouvait rien entendre de plus agréable, et il me remercia de voir en lui un ami en même temps qu'un frère.

Au jour fixé, nous quittâmes la maison, et nous arrivâmes le soir à Malaucène, lieu situé au pied de la montagne, du côté du nord. Nous y restâmes une journée, et aujourd'hui enfin nous fîmes l'ascension avec nos deux domestiques, non sans de grandes difficultés, car cette montagne est une masse de terre rocheuse taillée à pic et presque inaccessible. Mais le poète a dit avec raison : *Un labeur opiniâtre vient à bout de tout* \*. La longueur du jour, la douceur de l'air, la vigueur de l'âme, la force et la dextérité du corps, et d'autres circonstances nous favorisaient. Notre seul obstacle était dans la nature des lieux. Nous trouvâmes dans les gorges de la montagne un pâtre d'un âge avancé qui s'efforça par beaucoup de paroles de nous détourner de cette ascension. Il nous dit que cinquante ans auparavant, animé de la même ardeur ju-

\* Virgile, *Géorgiques*, I, 145.

vénite, il avait monté jusqu'au sommet, mais qu'il n'avait rapporté de là que repentir et fatigue, ayant eu le corps et les vêtements déchirés par les pierres et les ronces. Il ajoutait que jamais, ni avant ni depuis, on n'avait ouï dire que personne eût osé en faire autant. Pendant qu'il prononçait ces mots d'une voix forte, comme les jeunes gens sont sourds aux conseils qu'on leur donne, sa défense redoublait notre envie. Voyant donc que ses efforts étaient vains, le vieillard fit quelques pas et nous montra du doigt un sentier ardu à travers les rochers, en nous faisant mille recommandations qu'il répéta encore derrière nous quand nous nous éloignâmes.

Après avoir laissé entre ses mains les vêtements et autres objets qui nous embarrassaient, nous nous équipâmes uniquement pour opérer l'ascension, et nous montâmes lestement. Mais, comme il arrive toujours, ce grand effort fut suivi d'une prompte fatigue. Nous nous arrêtâmes donc non loin de là sur un rocher. Nous nous remîmes ensuite en marche, mais plus lentement; moi surtout je m'acheminai d'un pas plus modéré. Mon frère, par une voie plus courte, tendait vers le haut de la montagne; moi, plus mou, je me dirigeais vers le bas, et comme il me rappelait et me désignait une route plus directe, je lui répondis que j'espérais trouver d'un autre côté un passage plus facile, et que je ne craignais point un chemin plus long, mais plus commode. Je couvrais ma mollesse de cette excuse, et pendant que les autres occupaient déjà les hauteurs, j'errais dans la vallée sans découvrir un accès plus doux, mais ayant allongé ma route et doublé inutilement ma peine. Déjà accablé de lassitude, je regrettais d'avoir fait fausse route, et je résolus tout de bon de gagner le sommet. Lorsque, plein de fatigue et d'anxiété, j'eus rejoint mon frère, qui m'attendait et s'était reposé en restant longtemps assis, nous marchâmes quelque temps d'un pas égal. A peine avions-nous quitté cette colline, voilà qu'oubliant mon premier détour, je m'enfonce derechef vers le bas de la montagne; je parcours une seconde fois la vallée, et, en cherchant une route longue et facile, je tombe dans une longue difficulté. Je différais la peine de monter; mais le génie de l'homme ne supprime pas la nature des choses, et il est impossible qu'un corps parvienne en haut en descendant. Bref, cela m'arriva trois ou quatre fois en quelques heures à mon grand mécontentement, et non sans faire rire mon frère. Après avoir été si souvent déçu, je m'assis au fond d'une vallée.

Là, sautant par une pensée rapide des choses matérielles aux choses immatérielles, je m'apostrophais moi-même en ces termes ou à peu près : « Ce que tu as éprouvé tant de fois dans l'ascension de cette montagne, sache que cela arrive à toi et à beaucoup de ceux qui marchent vers la vie bienheureuse; mais on ne s'en aperçoit pas aussi aisément, parce que les mouvements du corps sont manifestes, tandis que ceux de l'âme sont invisibles et cachés. La vie que nous appelons bienheureuse est située dans un lieu élevé ; un chemin étroit, dit-on, y conduit. Plusieurs collines se dressent aussi dans l'intervalle, et il faut marcher de vertu en vertu par de glorieux degrés. Au sommet est la fin de tout et le terme de la route qui est le but de notre voyage. Nous voulons tous y parvenir ; mais, comme dit Ovide : *C'est peu de vouloir ; pour posséder une chose, il faut la désirer vivement* \*. Pour toi assurément, à moins que tu ne te trompes en cela comme en beaucoup de choses, non seulement tu veux, mais tu dé-

\* *Pontiques*, III, 1, 35.

sires. Qu'est-ce qui te retient donc? Rien autre à coup sûr que la route plus unie et, comme elle semble au premier aspect, plus facile des voluptés terrestres et infimes. Mais quand tu te seras longtemps égaré, il te faudra ou gravir, sous le poids d'une fatigue différée mal à propos, vers la cime de la vie bienheureuse, ou tomber lâchement dans le bas-fond de tes péchés ; et si (m'en préserve le Ciel!) les ténèbres et l'ombre de la mort te trouvent là, tu passeras une nuit éternelle dans des tourments sans fin. » On ne saurait croire combien cette pensée redonna du courage à mon âme et à mon corps pour ce qu'il me restait à faire. Et plût à Dieu que j'accomplisse avec mon âme le voyage après lequel je soupire jour et nuit, en triomphant enfin de toutes les difficultés, comme j'ai fait aujourd'hui pour ce voyage pédestre ! Je ne sais si ce que l'on peut faire par l'âme agile et immortelle, sans bouger de place et en un clin d'œil, n'est pas beaucoup plus facile que ce qu'il faut opérer pendant un laps de temps, à l'aide d'un corps mortel et périssable, et sous le pesant fardeau des membres.

Le pic le plus élevé est nommé par les paysans *le Fils*; j'ignore pourquoi, à moins que ce ne soit par antiphrase, comme cela arrive quelquefois, car il paraît véritablement le père de toutes les montagnes voisines. Au sommet de ce pic est un petit plateau. Nous nous y reposâmes enfin de nos fatigues. Et puisque vous avez écouté les réflexions qui ont assailli mon âme pendant que je gravissais la montagne, écoutez encore le reste, mon père, et accordez, je vous prie, une heure de votre temps à la lecture des actes d'une de mes journées. Tout d'abord frappé du souffle inaccoutumé de l'air et de la vaste étendue du spectacle, je restai immobile de stupeur. Je regarde; les nuages étaient sous mes pieds. L'Athos et l'Olympe\* me sont devenus moins incroyables depuis que j'ai vu sur une montagne de moindre réputation ce que j'avais lu et appris d'eux. Je dirige ensuite mes regards vers la partie de l'Italie où mon cœur incline le plus. Les Alpes debout et couvertes de neige, à travers lesquelles le cruel ennemi du nom romain \*\* se fraya jadis un passage en perçant les rochers avec du vinaigre, si l'on en croit la renommée, me parurent tout près de moi quoi-

\* Hautes montagnes situées, la première, entre la Macédoine et la Thrace; la seconde, entre la Thessalie et la Macédoine.

\*\* Annibal.

qu'elles fussent à une grande distance. J'ai soupiré, je l'avoue, devant le ciel de l'Italie qui apparaissait à mon imagination plus qu'à mes regards, et je fus pris d'un désir inexprimable de revoir et mon ami et ma patrie. Ce ne fut pas toutefois sans que je blâmasse la mollesse du sentiment peu viril qu'attestait ce double vœu, quoique je pusse invoquer une double excuse appuyée du témoignage de grandes autorités. Ensuite une nouvelle pensée s'empara de mon esprit et le transporta des lieux vers le temps. Je me disais : « Il y a aujourd'hui dix ans qu'au sortir des études de ta jeunesse tu as quitté Bologne.

O Dieu immortel! ô sagesse immuable! que de grands changements se sont opérés dans ta conduite durant cet intervalle! » Je laisse de côté ce sujet infini, car je ne suis pas encore dans le port pour songer tranquillement aux orages passés. Il viendra peut-être un temps où j'énumérerai par ordre toutes mes fautes * en citant d'abord cette parole de votre cher Augustin : *Je veux me rappeler mes souillures passées et les corruptions charnelles de mon âme, non que je les aime, mais pour que je vous*

* Pétrarque songe à écrire ses *Confessions*. Il réalisa ce vœu plus tard dans le livre intitulé : *Mon Secret*.

*aime, ó mon Dieu* \*. Il me reste encore à accomplir une tâche très difficile et très pénible. Ce que j'avais coutume d'aimer, je ne l'aime plus. Je mens. Je l'aime, mais modérément. Je mens encore une fois. Je l'aime, mais en rougissant et avec chagrin. J'ai dit enfin la vérité. Oui, j'aime, mais ce que j'aimerais à ne point aimer, ce que je voudrais haïr. J'aime cependant, mais malgré moi, mais par force, mais avec tristesse et avec larmes, et je vérifie en moi-même le sens de ce vers si fameux : *Je haïrai si je puis; sinon, j'aimerai malgré moi* \*\*.

\* *Confessions*, II, 1.
\*\* Ovide, *les Amours*, III, 11, 35.

Trois ans ne sont pas encore écoulés depuis que cette volonté perverse et coupable, qui me possédait tout entier et régnait seul sans contradicteur dans le palais de mon âme, a commencé à rencontrer une autre volonté rebelle et luttant contre elle. Depuis longtemps entre ces volontés il se livre, dans le champ de mes pensées, au sujet de la prééminence de l'un et de l'autre homme, un combat très rude et maintenant encore indécis. C'est ainsi que je parcourais en imagination mes dix dernières années. Puis je me reportais vers l'avenir, et je me demandais : « Si par hasard il t'était donné de prolonger cette vie éphémère pendant deux autres lustres, et de t'approcher de la vertu à proportion autant que pendant ces deux années, grâce à la lutte de ta nouvelle volonté contre l'ancienne, tu t'es relâché de ta première obstination, ne pourrais-tu pas alors, quoique ayant non pas la certitude, mais du moins l'espérance, mourir à quarante ans et renoncer sans regret à ce restant de vie qui décline vers la vieillesse ? »

Telles sont ou à peu près, mon père, les pensées qui me revenaient à l'esprit. Je me réjouissais de mon avancement, je pleurais mon imperfection et je déplorais la mutabilité ordinaire des choses humaines. Je paraissais avoir oublié en quelque sorte pour quel motif j'étais venu là, jusqu'à ce qu'enfin, laissant de côté des réflexions pour lesquelles un autre lieu était plus opportun, je regardasse et visse ce que j'étais venu voir. Averti par le soleil qui commençait à baisser et par l'ombre croissante de la montagne que le moment de partir approchait, je me réveillai pour ainsi dire, et, tournant le dos, je regardai du côté de l'occident.

On n'aperçoit pas de là la cime des Pyrénées, ces limites de la France et de l'Espagne, non qu'il y ait quelque obstacle que je sache, mais uniquement à cause de la faiblesse de la vue humaine. On voyait très bien à droite les montagnes de la province lyonnaise, et à gauche la mer de Marseille et celle qui baigne Aigues-Mortes, distantes de quelques jours de marche. Le Rhône était sous nos yeux. Pendant que j'admirais tout cela, tantôt ayant des goûts terrestres, tantôt élevant mon âme à l'exemple de mon corps, je voulus regarder le livre des *Confessions* de saint Augustin, présent de votre amitié, que je conserve en souvenir de l'auteur et du donateur, et que j'ai toujours entre les mains. J'ouvre ce bréviaire d'un très petit volume, mais d'un charme infini, pour lire ce qui se présenterait, car que pouvait-il se présenter si ce n'est des pensées pieuses et dévotes? Je tombai par hasard sur le dixième livre de cet ouvrage. Mon frère, désireux d'entendre par ma bouche quelque chose de saint Augustin, se tenait debout, l'oreille attentive. J'atteste Dieu et celui qui était à côté de moi qu'aussitôt que j'eus jeté les yeux sur le livre, j'y lus : *Les hommes s'en vont admirer les cimes des montagnes, les vagues de la mer, le vaste cours des fleuves, les circuits de l'Océan, les révolutions des astres, et ils se délaissent eux-mêmes*\*. Je fus frappé

\* *Confessions*, X, 8.

d'étonnement, je l'avoue, et priant mon frère, avide d'entendre, de ne pas me troubler, je fermai le livre. J'étais irrité contre moi-même d'admirer maintenant encore les choses de la terre, quand depuis longtemps j'aurais dû apprendre à l'école même des philosophes des gentils qu'il n'y a d'admirable que l'âme pour qui, lorsqu'elle est grande, rien n'est grand. Alors, trouvant que j'avais assez vu la montagne, je détournai sur moi-même mes regards intérieurs, et dès ce moment on ne m'entendit plus parler jusqu'à ce que nous fussions parvenus en bas.

Cette parole m'avait fourni

une ample occupation muette. Je ne pouvais penser qu'elle fût l'œuvre du hasard ; tout ce que j'avais lu là, je le croyais dit pour moi et non pour un autre. Je me rappelais que saint Augustin avait eu jadis la même opinion pour lui-même, quand, comme il le raconte \*, lisant le livre de l'Apôtre, ce passage lui tomba d'abord sous les yeux : *Marchons loin de la débauche et de l'ivrognerie, des sales plaisirs et des impudicités, des dissensions et des jalousies. Mais revêtez-vous de Jésus-Christ Notre-Seigneur, et n'ayez point d'égard pour votre chair en ce*

---

\* *Confessions*, VIII, 12.

*qui regarde ses convoitises* \*. Cela était arrivé auparavant à saint Antoine, lorsqu'il entendit ces paroles de l'Évangile : *Si vous voulez être parfait, allez vendre ce que vous avez et donnez-le aux pauvres, et vous aurez un trésor dans le ciel; après cela venez et suivez-moi* \*\*. Comme si ces paroles s'adressaient à lui, saint Antoine (au rapport de l'historien de sa vie, saint Athanase) se soumit au joug du Seigneur. De même que saint Antoine, après avoir entendu cela, n'en demanda pas

---

\* Saint Paul, *Épître aux Romains*, XIII, 13.

\*\* Évangile selon saint Matthieu, XIX, 21.

davantage, et de même que saint Augustin, après avoir lu cela, n'alla pas plus loin, ma lecture se borna aux quelques paroles que je viens de citer. Je réfléchis en silence au peu de sagesse des mortels qui, négligeant la plus noble partie d'eux-mêmes, se répandent partout et se perdent en vains spectacles, cherchant au dehors ce qu'ils pourraient trouver en eux. J'admirai la noblesse de notre âme si, dégénérant volontairement, elle ne s'écartait pas de son origine et ne convertissait pas elle-même en opprobre ce que Dieu lui avait donné pour s'en faire honneur. Pendant cette descente, chaque fois que je me retournais pour regarder la cime de la montagne, elle me paraissait à peine haute d'une *coudée en comparaison* de la hauteur de la nature humaine si l'on ne la plongeait pas dans la fange des souillures terrestres. Je me disais aussi à chaque pas : « Si je n'ai pas craint d'endurer tant de sueurs et de fatigues pour que mon corps s'approchât un peu du ciel, quel gibet, quelle prison, quel chevalet, devraient effrayer mon âme marchant vers Dieu et foulant aux pieds la cime de l'orgueil et les destinées humaines ? » Et encore : « A combien arrivera-t-il de ne point s'éloigner de ce sentier par la crainte des souffrances ni par le désir des voluptés? O trop heureux celui-là s'il existe quelque part! C'est de lui, j'imagine, que le poète a dit : *Heureux qui a pu connaître les principes des choses, et qui a mis sous ses pieds la crainte de la mort, l'inexorable destin et le bruit de l'avare Achéron**! Oh! avec quel zèle nous devrions faire en sorte d'avoir sous nos pieds non les hauteurs de la terre, mais les appétits que soulèvent en nous les impulsions terrestres! »

Parmi ces mouvements d'un

* Virgile, *Géorgiques*, II, 490-492.

cœur agité, ne m'apercevant pas de l'âpreté du chemin, je revins au milieu de la nuit à l'hôtellerie rustique d'où j'étais parti avant le jour. Un clair de lune avait prêté à notre marche son aide agréable. Pendant que les domestiques sont occupés à apprêter le souper, je me suis retiré seul dans un coin caché de la maison pour vous écrire cette lettre à la hâte et sans préparation, de peur que si je différais, mes sentiments venant peut-être à changer suivant les lieux, mon désir de vous écrire ne se refroidît. Vous voyez, tendre père, combien je veux que rien de moi n'échappe à vos regards, puisque je vous découvre avec tant de soin non seulement ma vie tout entière, mais chacune de mes pensées. En revanche, priez, de grâce, pour que ces pensées si long-temps vagabondes et inconstantes s'arrêtent enfin, et qu'après avoir été ballottées inutilement de tous côtés, elles se tournent vers le seul bien, vrai, certain, immuable. Adieu.

Malaucène, le 26 avril.

# A PARIS

## DES PRESSES DE D. JOUAUST

### Rue Saint-Honoré, 338

LIBRAIRIE DES BIBLIOPHILES
Rue Saint-Honoré, 338.

## BIBLIOTHÈQUE
# RÉCRÉATIVE

Contes, lettres, dialogues, satires, facéties, écrits en français ou traduits du latin, publiés par V. Develay.

EN VENTE :

| | | |
|---|---|---|
| ÉRASME. Le Congrès des femmes... | 1 | fr. |
| — La Fille ennemie du mariage. | 2 | |
| — Le Mariage...... | 2 | |
| — Le Jeune Homme et la Fille de joie..... | 1 | |
| — L'Amant et la Maîtresse. | 2 | |
| — Le Repas anecdotique... | 2 | |
| — L'Entretien des Vieillards.. | 2 | |
| — Le Chevalier sans cheval... | 1 | |
| — Les Mendiants riches.... | 2 | |
| — Le Cyclope...... | 1 | |
| — Le Revenant...... | 1 | 50 |
| — Caron....... | 1 | |
| — L'Alchimie...... | 1 | |
| — Le Pèlerinage..... | 3 | |
| — L'Accouchée...... | 2 | 50 |
| — L'Union mal assortie.... | 1 | 50 |

| | |
|---|---|
| ERASME. *Les Obsèques séraphiques*. | 2 fr |
| — *L'Enterrement*. | 2 |
| — *L'Opulence sordide* | 1 50 |
| — *Les Hôtelleries* | 1 |
| — *L'Abbé et la Savante* | 1 |
| — *Le Soldat et le Chartreux* | 1 |
| — *Le Naufrage* | 1 |
| HEINSIUS. *Eloge du Pou* | 1 50 |
| ULRICH DE HUTTEN. *Dialogue très facétieux et très salé* | 2 |
| LETTRES DES HOMMES OBSCURS, en trois séries. 3 vol. à 3 fr. | 9 |
| JEAN SECOND. *Les Baisers* | 2 |
| — *Julie*, poème | 3 |
| — *Les Amours* | 2 |
| — *Odes* | 2 |
| — *Le Palais de la richesse*. | 1 |
| CATON. *Distiques moraux* | 2 |
| PERSE. *Satires*. | 3 |
| SÉNÈQUE. *Apocoloquintose*. | 2 |
| BOUFFLERS. *Aline reine de Golconde*. | 2 |
| SCARRON. *Le Combat des Parques et des Poëtes*. | 1 50 |
| CRÉBILLON fils. *Le Sylphe*. | 2 |
| APULÉE. *Psyché*. | 3 |
| PÉTRARQUE. *Griselidis* | 2 |
| — *Mon Secret*, 3 vol à 3 fr. | 9 |
| — *Epître à la postérité et Testament* | 2 |
| — *L'Ascension du Mont Ventoux* | 1 |

EN VENTE :

# ÉLOGE DE LA FOLIE

## PAR ÉRASME

Traduction nouvelle par V. Develay, accompagnée des 83 *compositions d'HOLBEIN*, dessinées à la plume sur l'exemplaire conservé au Musée de Bâle, et reproduites par la photogravure sur bois.

| | |
|---|---|
| 1 vol. grand in-18 jésus... | 5 fr. |
| — cartonné......... | 6 25 |
| — sur papier de Chine. | 10 » |
| Le même, format in-8, sur papier de Hollande | 15 » |
| — sur papier de Chine ou Whatmann... | 30 » |

Cette importante publication, qui intéresse au plus haut point les artistes et les bibliophiles, présente *pour la première fois* dans toute sa beauté originale une partie de l'œuvre d'Holbein, complètement défigurée par la barbare reproduction qu'on en avait faite autrefois.

*L'Éloge de la Folie*, sans les gravures, a été publié en 1 vol. in-16, à............ fr

## DANS LE MÊME FORMAT :

*Les Collèges des filles*, par l'abbé de Saint-Pierre. . . . . . . . . . 1 fr.
*La Sorbonne et les Gazetiers*, par Jules Janin. . . . . . . . . . 2 fr.
*Doléances d'un locataire*, publiées par Louis Lacour. . . . . . . . . 2 fr.
*Louange des vieux soudards*, par Louis Lacour. . . . . . . . . . 2 fr.
*Le Bréviaire du roi de Prusse*, 2ᵉ édition, sur papier ordinaire. . . . 1 fr.
*Une lettre de Voltaire au comte d'Argental*, par E. Courtois. . . . . . 1 fr.

Éditions diamant, petit in-32, imprimées sur papier vergé. — Tirage à 500 exemplaires, plus 10 sur papier de Chine. — Plusieurs ouvrages sont accompagnés de vignettes.

www.ingramcontent.com/pod-product-compliance
Lightning Source LLC
Chambersburg PA
CBHW060502050426
42451CB00009B/774